BEI GRIN MACHT SICH IHR WISSEN BEZAHLT

- Wir veröffentlichen Ihre Hausarbeit,
  Bachelor- und Masterarbeit

- Ihr eigenes eBook und Buch -
  weltweit in allen wichtigen Shops

- Verdienen Sie an jedem Verkauf

Jetzt bei www.GRIN.com hochladen und kostenlos publizieren

Beweglichkeits- und Koordinationstraining zur Haltungsverbesserung

Bibliografische Information der Deutschen Nationalbibliothek:

Die Deutsche Nationalbibliothek verzeichnet diese Publikation in der Deutschen Nationalbibliografie; detaillierte bibliografische Daten sind im Internet über http://dnb.d-nb.de abrufbar.

ISBN: 9783346234629
Dieses Buch ist auch als E-Book erhältlich.

Druck und Bindung: Books on Demand GmbH, Norderstedt Germany
Gedruckt auf säurefreiem Papier aus verantwortungsvollen Quellen

Das vorliegende Werk wurde sorgfältig erarbeitet. Dennoch übernehmen Autoren und Verlag für die Richtigkeit von Angaben, Hinweisen, Links und Ratschlägen sowie eventuelle Druckfehler keine Haftung.

Das Buch bei GRIN: https://www.grin.com/document/915644

Deutsche Hochschule für

Prävention und Gesundheitsmanagement

Hermann Neuberger Sportschule 3

66123 Saarbrücken

Einsendeaufgabe

Fachmodul:	Trainingslehre III
Studiengang:	Gesundheitsmanagement
Datum Präsenzphase:	23.05.2019-25.05.2019
Studienort:	**Stuttgart**
Semester:	**WS17**

Inhaltsverzeichnis

1 Personendaten

Tab. 1: Biometrische Daten (eigene Darstellung)

Personendaten	
Alter	35 Jahre
Geschlecht	Männlich
Körpergröße	185 cm
Körpergewicht	80 Kg
Trainingsmotive	Haltungsverbesserung, sportartspezifische Leistungsverbesserung
Berufliche Tätigkeit	Angestellter im Außendienst (nahezu ausschließlich sitzende Tätigkeit)
Aktuelle sportliche Aktivität (inkl. Leistungsstufe und Trainingsumfang)	Tennis im Städtischen Verein, zwei Mal die Woche für jeweils 60 Minuten, Teilnahme an Wettkämpfen in der Landesliga, Joggen, zwei Mal die Woche für jeweils 45 Minuten
Frühere sportliche Aktivitäten	Seit dem achten Lebensjahr aktives Mitglied im Tennisverein
Zeitlicher Verfügungsrahmen	Zwei Mal die Woche für jeweils 60 bis 90 Minuten
Allgemeiner Gesundheitszustand	
Orthopädische Probleme	Epicondylitis in der Vergangenheit
Internistische Probleme	Keine
Ärztliche Behandlung	Keine
Einnahme von Medikamenten	Keine
Sonstige gesundheitliche Einschränkung	Keine

Der Proband wird als voll trainier- und belastbar bewertet. Seine Trainingsmotive können unter Anleitung eines Trainers, innerhalb des zeitlichen Verfügungsrahmens von 120 bis 180 Minuten, verfolgt werden. Da der Proband während der Ausübung seiner beruflichen Tätigkeit nahezu ausschließlich sitzt, lässt sich im Vorfeld vermuten, dass Muskeln, deren Ansatz und Ursprung sich in der sitzenden Position annähern, eine hohe Spannung aufweisen werden. Dies wird im weiteren Verlauf durch den Beweglichkeitstest überprüft.

Ein erneutes Auftreten einer Epicondylitis, an der der Proband in der Vergangenheit litt, kann durch seine aktuelle und frühere sportliche Aktivität (Tennis) provoziert werden. Durch ein gezieltes Beweglichkeitstraining soll einem erneuten Auftreten vorgebeugt werden, zusätzlich sollte er dazu ein geeignetes Muskelaufbautraining absolvieren.

2 Beweglichkeitstest

Tab. 2: Beschreibung Beweglichkeitstest (modifiziert nach Janda, 2000)

Testübung	Ausführung	Bewertung
M. pectoralis major	**Position:** Rücklage auf einer Behandlungsliege, Beine anwinkeln, Füße auf der Auflagefläche abstellen **Ausrichtung:** der Rumpf schließt auf der zu testenden Seite mit der Auflagefläche ab **Ausführung:** Abduktion des Armes im Schultergelenk der zu testenden Seite um 90°, Unterarm steht mit einem 90° Winkel zum Oberarm senkrecht nach oben, Tester fixiert Thorax, mittels leichtem Druck, diagonal zur getesteten Seite. Außenrotation im Schultergelenk **Zu beachten:** Becken fixieren, Hyperlordose im Bereich der Lendenwirbelsäule vermeiden	**Stufe 0 =** Oberarm erreicht Horizontale; keine Beweglichkeitsdefizite **Stufe 1 =** Oberarm erreicht Horizontale mittels leichten Druck des Testers; leichte Beweglichkeitsdefizite **Stufe 2 =** Oberarm erreicht Horizontale mittels Druck des Testers nicht; deutliche Beweglichkeitsdefizite
M. iliopsoas	**Position:** Rücklage auf einer Behandlungsliege, das zu testende Bein befindet sich im Überhang, das andere wird angewinkelt und maximal nah zum Rumpf herangezogen **Ausrichtung:** das Gesäß schließt mit dem unteren Rand der Auflagefläche ab **Ausführung:** das zu testende Bein ist im Überhang und wird komplett entspannt **Zu beachten:** Becken und Lendenwirbelsäule fixieren	**Stufe 0 =** Oberschenkel erreicht Horizontale; keine Beweglichkeitsdefizite **Stufe 1 =** Oberschenkel erreicht Horizontale mittels leichten Druck des Testers, leichte Beweglichkeitsdefizite **Stufe 2 =** Oberschenkel erreicht Horizontale mittels Druck des Testers nicht; deutliche Beweglichkeitsdefizite
M. rectus femoris	**Position:** Rücklage auf der Behandlungsliege, das testende Bein befindet sich im Überhang und wird im maximalen Hüftextensionswinkel fixiert, das andere wird angewinkelt und maximal nah zum Rumpf herangezogen **Ausrichtung:** das Gesäß schließt mit dem unteren Rand der Auflagefläche ab **Ausführung:** Tester führt Unterschenkel in einen maximal möglichen Kniebeugewinkel **Zu beachten:** Becken und Lendenwirbelsäule fixieren	**Stufe 0 =** Unterschenkel hängt senkrecht herab; keine Beweglichkeitsdefizite **Stufe 1 =** Unterschenkel erreicht einen 90° Kniebeugewinkel mittels leichten Druck des Testers; leichte Beweglichkeitsdefizite **Stufe 3 =** Unterschenkel erreicht einen 90° Kniebeugewinkel mittels Druck des Testers nicht; deutliche Beweglichkeitsdefizite

| Mm. ischiocrurales | **Position:** Rücklage auf der Behandlungsliege, das Bein welches nicht getestet wird im Hüft- und Kniegelenk gebeugt, während der Fuß auf der Ablagefläche aufgestellt wird

Ausrichtung:

Ausführung: das getestete Bein ist im Kniegelenk gestreckt und wird vom Tester in eine maximal mögliche Hüftflexion geführt

Zu beachten: Becken und Lendenwirbelsäule fixieren, getestete Bein muss gestreckt bleiben, das andere Bein muss in der Ausgangsposition bleiben | **Stufe 0 =** Hüftflexion im Ausmaß von 90° möglich; keine Beweglichkeitsdefizite

Stufe 1 = Hüftflexion im Ausmaß von 80°-90° möglich; leichte Beweglichkeitsdefizite

Stufe 2 = Hüftflexion nur unter 80° möglich; deutliche Beweglichkeitsdefizite |
| Mm. triceps surae | **Position:** Rücklage auf der Behandlungsliege, das Bein welches nicht getestet wird, wird im Hüft- und Kniegelenk gebeugt, Fuß auf der Ablagefläche aufstellen

Ausrichtung: das getestete Bein ragt mit der distalen Hälfte des Unterschenkels über das untere Ende der Auflagefläche hinaus

Ausführung: Tester greift mit einer Hand das Fersenbein und übt distal einen Zug aus, mit der anderen greift er von der Fußaußenkante her den Fuß und lenkt den Vorderfuß achsengerecht, mittels leichtem Druck, Richtung Schienbein

Zu beachten: Druck soll am äußeren Fußrand erfolgen | **Stufe 0 =** Dorsalextension bis 0° möglich; keine Beweglichkeitsdefizite

Stufe 1 = Dorsalextension möglich; 0° wird nicht ganz erreicht; leichte Beweglichkeitsdefizite

Stufe 2 = Dorsalextension nur bis 10° unter 0°-Stellung möglich; deutliche Beweglichkeitsdefizite; |

Tab. 3: Testergebnisse (eigene Darstellung)

Testübung	Ergebnis rechts	Ergebnis links
M. pectoralis major	2	2
M. iliopsoas	2	2
M. rectus femoris	0	1
Mm. ischiocrurales	1	1
Mm. triceps surae	0	0

Nun folgt die Bewertung der Testergebnisse. Im Mm. triceps surae hat der Proband keine Beweglichkeitsdefizite, ebenso sind keine Defizite auf der rechten Seite des M. rectus femoris festzustellen. Während auf der linken Seite im M. rectus femoris und beidseitig in der Mm. ischiocrurales leichte Beweglichkeitsdefizite vorhanden sind. Deutliche Defizite sind rechts und links bei dem M. iliopsoas und M. pectoralis major zu verzeichnen. Die leichten und auch deutlichen Defizite in der Beinmuskulatur können aufgrund der, meist sitzenden, beruflichen Tätigkeit entstanden sein. Ebenfalls durch die Haltung und muskuläre Beanspruchung beim Tennis. Aus seiner beruflichen Tätigkeit geht hervor dass er viel Auto fährt und durch die vorgebeugte Haltung beim Tennis befindet sich der Proband häufig in einer Position, die eine Protraktion im Schultergürtel verlangt, was zu dem Beweglichkeitsdefizit im M. pectoralis major führen kann.

3 Trainingsplanung Beweglichkeitstraining

Zu Beginn wird das Belastungsgefüge für das Dehnprogramm tabellarisch dargestellt. Die aufgeführten Vorgaben gelten für jede Übung. Im weiteren Verlauf werden die verschiedenen Dehnmethoden, sowie dessen Intensität erläutert. Darauf folgt die Übungsauswahl mit den einzelnen Bestandteilen: im Fokus stehende Muskelgruppe, anvisierte Zielmuskulatur, Durchführung und Dehnmethode.

Tab. 4: Belastungsgefüge (eigene Darstellung)

Trainingshäufigkeit pro Woche	Sätze pro Übung	Dehndauer	Intensität
Zwei Mal	4	Ca. 45-60 Sekunden	Abhängig von der Dehnmethode

Aktives Dehnen: Die Dehnposition wird eingenommen indem die antagonistische Muskulatur kontrahiert. Vorteil dabei ist, dass das kontrahieren zu einer Kräftigung der Antagonisten beitragen kann.

Passives Dehnen: Die Dehnposition wird eingenommen, indem externe Faktoren als Hilfsmittel eingesetzt werden. Diese Dehnmethode ist einfach anzuwenden und kann für nahezu jeden Muskel angewandt werden.

Statisches Dehnen: Die Dehnposition wird langsam eingenommen und über die Dehndauer von ca. 45 Sekunden gehalten. Bei dieser Arbeitsweise wird das

Verletzungsrisiko stark reduziert und es kann in jedem Leistungsniveau angewandt werden. Die Intensität bewertet der Proband subjektiv und sollte die Dehnschwelle überschreiten, aber nicht bis zur Dehngrenze intensiviert werden (Schönthaler & Ohlendorf, 2002).

Dynamisches Dehnen: Langsam und kontrolliert wird die Dehnposition, innerhalb einer relativ kleinen Bewegungsamplitude, im Wechsel eingenommen und wieder verlassen. Dadurch liegt ein geringes Verletzungsrisiko vor und eine nahezu maximale Dehnposition wird mehrmals kurzfristig eingenommen, dabei soll die Dehngrenze erreicht werden.

Postisometrisches Dehnen: Zuerst wird eine weiche (Marschall, 1999) Dehnposition eingenommen, danach wird die zu dehnende Muskulatur für 6-10 Sekunden isometrisch kontrahiert. Anschließend für 2-3 Sekunden völlig entspannt und mit einem deutlich höheren Dehnreiz für weitere 10-20 Sekunden statisch gehalten (Hohmann, Lames & Letzelter, 2002, S. 100). Dieser wechselnde Vorgang wird ca. 60 Sekunden lang wiederholt.

Tab. 5: Trainingsplan Beweglichkeitstraining (eigene Darstellung)

Im Fokus stehende Muskelgruppe	Anvisierte Zielmuskulatur	Durchführung	Dehnmethode
Brustmuskulatur	M. pectoralis major, M. deltoideus pars clavicularis	**Position:** aufrechter Stand, Abduktion beider Arme um 90° im Schultergelenk, Außenrotation – Handflächen zeigen in Blickrichtung, Flexion der Ellenbogen um 90° **Ausführung:** Retraktion im Schultergürtel durch das Kontrahieren der antagonistisch wirkenden Muskulatur **Zu beachten:** Oberkörper aufrecht, neutrale Haltung der Wirbelsäule, Schultern tief halten, Brustbein aufstellen	Aktiv-dynamisch
Handgelenksextensoren	M. extensor carpi radialis longus, M. extensor capri radialis brevis, M. extensor carpi ulnaris	**Position:** aufrechter Stand, Anteversion, mit gestrecktem Ellenbogengelenk, bis der Arm sich in der Waagrechten befindet, Schultergelenk der zu dehnenden Seite, maximale Dorsalextension im Handgelenk **Ausführung:** die Hand, der nicht zu dehnenden Seite, wird mit der Handfläche auf die Mittelhand der zu dehnenden Seite gelegt, mittels Zug wird die Dorsalextension erweitert, beidseitig durchführen **Zu beachten:** Finger bleiben in einer Linie zur Mittelhand, Ellenbogengelenk gestreckt halten	Passiv-statisch
Handgelenksflexoren	M. flexor carpi ulnaris, M. flexor carpi radialis, M. palmaris longus	**Position:** aufrechter Stand, Anteversion, mit gestrecktem Ellenbogengelenk, bis der Arm der zu dehnenden Seite sich in der Waagrechten befindet, maximale Palmarflexion im Handgelenk **Ausführung:** die Hand, der nicht zu dehnenden Seite, wird mit der Handfläche auf die Mittelhand der zu dehnenden Seite gelegt, mittels Zug wird die Palmarflexion erweitert, beidseitig durchführen **Zu beachten:** Finger bleiben in einer Linie zur Mittelhand, Ellenbogengelenk gestreckt halten	Passiv-statisch
Seitliche Rumpfmuskulatur	M. latissimus dorsi, M. obliquus externus abdominis, M. obliquus internus abdominis	**Position:** aufrechter Stand, beidseitige Abduktion im Schultergelenk mit gestreckten Armen, die Hände werden über dem Kopf verschränkt **Ausführung:** Lateralflexion der Wirbelsäule bei gerader Beckenachse, Dehnung verstärken mittels Zug nach oben an der zur Lateralflexion gegenüberliegenden Hand, beidseitig durchführen **Zu beachten:** Bewegung nur auf der Frontalebene	Passiv-statisch
Vorderseite Oberschenkel	M. quadriceps femoris	**Position:** aufrechter Stand, Flexion im Kniegelenk, Hand umfasst das angewinkelte Bein knapp oberhalb vom Sprunggelenk, Standbein leicht beugen **Ausführung:** Becken nach vorne kippen, Ferse maximal Richtung Gesäß ziehen, Oberkörper ausbalancieren durch den freien Arm, beidseitig durchführen **Zu beachten:** Oberschenkel parallel zueinander, das Knie des zu dehnenden Beines zeigt vertikal nach unten	Passiv-statisch

Rückseite Oberschenkel	M. biceps femoris, M. semimembranosus, M. semitendinosus	**Position:** aufrechter Stand, minimale Flexion in Hüft- und Kniegelenk, das zu dehnende Bein gestreckt in einer leichten Schrittstellung nach vorne aufsetzen **Ausführung:** Becken nach hinten kippen, Oberkörper leicht nach vorne neigen, beidseitig durchführen **Zu beachten:** neutrale und stabile Haltung der Wirbelsäule, gerade Beckenachse, ganzen Fuß auf dem **Boden abstellen**	Passiv-postisometrisch
Innenseite Oberschenkel	M. adduktor brevis, M. adductor longus, M. adductor magnus, M. gracilis, M. pectineus	**Position:** aufrechter Stand, Ausfallschritt auf der Frontalebene zur Seite, das zu dehnende Bein ist im Kniegelenk gestreckt, Flexion im Knie- und Hüftgelenk der nicht zu dehnenden Seite (Standbein) **Ausführung:** Flexion im Knie- und Hüftgelenk erweitern, beidseitig durchführen **Zu beachten:** neutrale und stabile Haltung der Wirbelsäule, Patella in Richtung der Zehen ausrichten	Passiv-postisometrisch
Hüftbeugemuskulatur	M. iliopsoas, M. rectus femoris	**Position:** Kniestand, ein Bein wird durch eine Hüftflexion mit dem ganzen Fuß nach vorne aufgestellt, das andere Bein bleibt mit dem Knie und dem gesamten Unterschenkel auf dem Boden, Oberkörper mit den Händen auf dem nach vorne aufgestellten Oberschenkel abgestützt **Ausführung:** Körperschwerpunkt nach vorne (Richtung Patella) verlagern, Becken nach unten (Richtung Boden) absenken, beidseitig durchführen **Zu beachten:** Oberkörper aufrecht halten, untere Sprunggelenk in einer neutralen Position, Patella in Richtung der Zehen ausrichten	Passiv-dynamisch
Gesäßmuskulatur	M. glutaeus maximus, M. glutaeus medius, M. glutaeus minimus	**Position:** Rückenlage, ein Bein durch eine Flexion in Knie- und Hüftgelenk mit dem Fuß auf dem Boden aufstellen, das andere Bein wird durch eine Außenrotation im Hüftgelenk knapp oberhalb des Sprunggelenks auf dem Oberschenkel des Aufgestellten Beines platziert **Ausführung:** Aufgestelltes Bein wird mit beiden Händen am Oberschenkel umfasst und zum Oberkörper gezogen, Kopf hebt dabei vom Boden ab, beidseitig durchführen	Passiv-statisch
Rückenstrecker	Mm. erector spinae	**Position:** Vierfüßlerstand **Ausführung:** im Rahmen ihres physiologischen Bewegungsspielraums wird die Wirbelsäule, mittels aktiver Anspannung der Bauchmuskulatur, in eine maximal mögliche Flexion gebracht **Zu beachten:** Halswirbelsäule neutral halten	Aktiv-statisch

Ein Beweglichkeitstraining sollte aus mindestens zwei bis drei Trainingseinheiten pro Woche bestehen (Rancour, Holmes & Cipriani, 2009). Der Proband gab an, dass er zwei Trainingseinheiten wöchentlich absolvieren möchte, aufgrund dessen wurde die Trainingshäufigkeit auf zwei Mal wöchentlich festgelegt. Den Trainingsplan für die Verbesserung der Beweglichkeit, kann und sollte der Proband auch zusätzlich zuhause trainieren. Da mehr als vier Sätze nicht Notwendig sind, wurde dies als feste Größe für ihn festgelegt. Um die Beweglichkeit gezielt zu verbessern eignet sich eine Dehndauer von 45 Sekunden beim statischen Dehnen. Wird die dynamische Dehnmethode durchgeführt, werden Wiederholungen mit moderater Geschwindigkeit durchgeführt, bis auch hier insgesamt eine Dehndauer von 45 Sekunden erreicht ist.

Bei der Übungsauswahl wurden die Trainingsmotive, Orthopädischen Probleme und die Ergebnisse des Beweglichkeitstest berücksichtigt. Die Reihenfolge der Übungen wurde so gewählt, dass es eine einfache, angenehme und zeitsparende Abfolge entsteht. Er beginnt im Stehen mit der Brustmuskulatur und arbeitet sich durch die Muskelgruppen von oben nach unten durch. Nachdem die Übungen im Stehen durchgeführt wurden, begibt er sich in die Rückenlage und endet im Vierfüßlerstand. Die Übung in der Rückenlage ist aus Gründen der weiteren Tagesplanung nicht am Schluss angesiedelt, um Müdigkeit nach dem Training zu vermeiden. Ein Ziel ist es die Haltung zu verbessern, was auf seine vorwiegend sitzende Tätigkeit zurückzuführen ist. Seine Wirbelsäule, Knie- und Hüftgelenke befinden sich den Großteil seines Tages in gebeugter Haltung. Das Ergebnis der Beweglichkeitstestung verdeutlichte diese Problematik. Der M. pectoralis major, sowie der M. iliopsoas weisen beidseitig deutliche Beweglichkeitsdefizite auf, ebenso in den Mm. ischiocrurales. Weshalb hier der Schwerpunkt des Beweglichkeitstraining liegt. Durch eine aktiv, dynamische Dehnung der Brustmuskulatur wird der Schultergürtel aufgerichtet und gleichzeitig die antagonistische Muskulatur der Brust gekräftigt. Bei den nächsten zwei Übungen ist die sportartspezifische Leistungsverbesserung im Vordergrund. Da er in der Vergangenheit schon einmal eine Epicondylitis hatte, wird hier mit einer Dehnung der Handgelenksextensoren und –Flexoren einem erneuten auftreten vorgebeugt. Durch die Verbesserung der Beweglichkeit im Bereich der Rumpfmuskulatur wird für ihn beim Tennis ein größerer Bewegungsumfang realisierbar und das Verletzungsrisiko minimiert. Das Beweglichkeitstraining der Oberschenkel Vorder- und Rückseite minimiert seine Defizite in diesem Bereich. Die Adduktoren werden in der Beweglichkeitstestung nicht berücksichtigt, demnach kann nicht ausgeschlossen werden, dass in diesem Bereich eine erhöhte Muskelspannung herrscht. Sollte es speziell bei einem Tennis Matsch, durch einen ungeschickten Schritt oder ähnlichem zu einer abrupten und weiten Abduktion im Hüftgelenk kommen, so ist, aufgrund der passiv-postisometrischen Dehnmethode, die Bewegungsreichweite groß genug (Wydra, 1997) um das Verletzungsrisiko zu minimieren. Die letzten drei Übungen zielen auf die Verbesserung seiner Haltung und der Reduzierung der Beweglichkeitsdefizite ab

4 Trainingsplanung Koordinationstraining

Tab. 6: Belastungsgefüge (eigene Darstellung)

Trainingshäufigkeit pro Woche	Sätze pro Übung	Satzpause	Belastungsdauer
Zwei Mal	2-4	90 Sekunden	30 Sekunden

Das Koordinatiostraining wird zwei Mal in der Woche durchgeführt, da der Proband nicht mehr Zeit aufbringen kann. Das Training beinhaltet sowohl Übungen im Beidbeinigen als auch im Einbeinigen Stand. Die Übungen im Beidbeinigen Stand werden vier Mal, mit je einer Belastungsdauer von 30 Sekunden trainiert. Die Einbeinigen Übungen werden zwei Mal mit dem rechten und zwei Mal mit dem linken Bein, ebenfalls für je 30 Sekunden, trainiert. Mit der Pausenlänge von 90 Sekunden soll erreicht werden, dass sich das zentrale Nervensystem und die Muskulatur erholen können.

Tab. 7: Trainingsplan Koordinationstraining (eigene Darstellung)

Übungsbeschreibung	Hilfsmittel/Kleingeräte	Koordinative Fähigkeit und Übungsform
Einbeiniger Stand rechts und links		Gleichgewichtsfähigkeit statisch
Einbeiniger Stand, deutliches vor- und zurückschwingen des freien Beines (Spielbein), beidseitige Durchführung		Gleichgewichtsfähigkeit statisch
Beidbeiniger Stand auf einem Therapiekreisel	Therapiekreisel	Gleichgewichtsfähigkeit statisch
Beidbeiniger Stand auf einem Therapiekreisel, dazu wird ein Tennisball mehrmals in die Luft geworfen und wieder gefangen	Therapiekreisel, Tennisball	Gleichgewichtsfähigkeit Kopplungsfähigkeit dynamisch
Einbeiniger Stand auf einem Therapiekreisel, beidseitige Durchführung	Therapiekreisel	Gleichgewichtsfähigkeit statisch
Einbeiniger Stand auf einem Therapiekreisel, dazu wird ein Tennisball mehrmals in die Luft geworfen und wieder gefangen, beidseitige Durchführung	Therapiekreisel, Tennisball	Gleichgewichtsfähigkeit Kopplungsfähigkeit
Beidbeiniger Stand, in einer Hand befindet sich ein Tennisschläger, die Schlagfläche zeigt zur Decke bzw. zum Boden. Tennisball wird mittels des Schlägers immer wieder senkrecht nach oben geprallt	Tennisball, Tennisschläger	Orientierungsfähigkeit dynamisch
in einer Hand befindet sich ein Tennisschläger, die Schlagfläche zeigt zur Decke bzw. zum Boden, Tennisball wird mittels des Schlägers immer wieder senkrecht nach oben geprallt, zusätzlich soll eine gerade Strecke abgelaufen werden	Tennisball, Tennisschläger	Orientierungsfähigkeit Kopplungsfähigkeit dynamisch
in einer Hand befindet sich ein Tennisschläger, die Schlagfläche zeigt zur Decke bzw. zum Boden, Tennisball wird mittels des Schlägers immer wieder senkrecht nach oben geprallt, zusätzlich soll ein, durch Pylonen markierter Slalom abgelaufen werden	Tennisball, Tennisschläger, Pylonen	Orientierungsfähigkeit Kopplungsfähigkeit dynamisch
Beidbeiniger Stand auf einem Therapiekreisel, in einer Hand befindet sich ein Tennis-schläger, die Schlagfläche zeigt zur Decke bzw. zum Boden, Tennisball wird mittels des Schlägers immer wieder senkrecht nach oben geprallt	Therapiekreisel, Tennisball, Tennisschläger	Gleichgewichtsfähigkeit Orientierungsfähigkeit Kopplungsfähigkeit statisch

Die Reihenfolge der Übungen ist anhand der didaktische Prinzipien (vom Bekannten zum Unbekannten, vom Leichten zum Schweren, vom Langsamen zum Schnellen, vom Einfachen zum Komplexen) festgelegt. Eine Verbesserung der Koordination ist durch den Einsatz von methodischen Maßnahmen gewährleistet. „In der Trainingslehre werden sieben spezielle koordinative Fähigkeiten unterschieden. Diese koordinativen Fähigkeiten sind die Grundlage, Bewegungen und Haltungen relativ schnell zu erlernen und ich verschiedenen Situationen sicher und ökonomisch anwenden zu können, ohne dabei die Gelenk- oder Körperstabilität zu verlieren." (Chwilkowski, 2006, 10f). Die Verbesserung der Gleichgewichtsfähigkeit ist hier als Schwerpunkt festgelegt. Zusätzlich sind zwei weitere sportartspezifische (Tennis) Fähigkeiten implementiert: die Orientierungsfähigkeit und die Kombinations- bzw. Kopplungsfähigkeit. Bei der Übungsausführung ist es sinnvoll die Schuhe und Socken abzulegen, da so eine Verbesserung der propriozeptiven Fähigkeit erreicht wird. Aufgrund einer Stimulation der Mechanorezeptoren kommt es durch die reflektorische Informationsweiterleitung zu einer Haltungsverbesserung (Bizzini, 2000). Infolge komplexer Bewegungsabläufe und der dauerhaften Stabilisierung im Rumpf wird die intermuskuläre Koordination verbessert (Hollmann & Strüder, 2009, S. 140 f.). Dies hat wiederum zur Folge, dass die Muskulatur ökonomischer und somit leistungsfähiger arbeitet.

Die Verbesserung der Gleichgewichtfähigkeit, Orientierungsfähigkeit und Kopplungsfähigkeit haben einen positiven Einfluss auf die ausgeübte Sportart des Probanden. Zum einen wird eine sportartspezifische Leistungsverbesserung erzielt und zum anderen wird das Verletzungsrisiko minimiert.

5   Literaturrecherche

Im Folgenden werden zwei Studien zu dem Thema „Effekte des Dehnens im Hinblick auf eine Verbesserung der sportlichen Leistungsfähigkeit" vorgestellt.

Tab. 8: Studie 1 (modifiziert nach Rosenbaum & Henning, 1997)

Veränderung der Reaktionskraft und Explosionskraftentfaltung nach einem passiven Stretching Programm und zehn minütigem Aufwärmen	
Wer hat die Studie durchgeführt?	D. Rosenbaum & E. M. Henning
In welchem Jahr wurde die Studie publiziert?	1997
Welche Forschungsfrage wurde untersucht?	Welche Leistungsverbessernden Auswirkungen haben die verschiedenen sportvorbereitenden Übungen (passives Stretching, Warmlaufen)?
Mit welchen Versuchspersonen wurde die Studie durchgeführt?	55 männliche Sportler Alter: 25,3 (+/- 4,0) Jahre Körpergröße: 181,9 (+/- 5,7) cm Körpergewicht: 747,5 (+/- 78,5) N
Wie sah der Versuchsaufbau der Studie aus?	Gemessen wurde die Leistungsfähigkeit der rechten Wadenmuskulatur, die Flexibilität im Sprunggelenk, die Muskelaktivität des medialen Gastrocnemiuskopfes und des M. soleus. Die Messparameter waren die Reaktionszeit, die Kraftspitze, die Zeit bis zur Kraftspitze, der Impuls (Kraft-Zeit-Integral), Kraftanstiegs- und Halbrelaxationsrate, EMG-Amplitude und EMG-Integral des M. gastrocnemius und M. soleus. Die Messung wurde unter drei verschiedenen Bedingungen durchgeführt. Im unvorbereitetem Zustand, nach einer drei minütigen statischen Dehnung der Wadenmuskulatur und nachdem die Versuchspersonen zehn Minuten, bei langsamer Geschwindigkeit, auf einem Laufband liefen.
Welche relevanten Ergebnisse und Schlussfolgerungen lieferten die Studien?	Nach dem Stretching blieben die Temperatur der Haut und die Gesamtreaktionszeit unverändert. Die maximale Dorsalflexion erhöhte sich. Die elektromagnetische Verzögerung und die maximale Kraftentwicklung verschlechterten sich nach dem Stretching minimal. Schlussfolgernd lässt sich feststellen dass Stretching, als sportvorbereitete Übung, keine Auswirkung auf die Leistungsfähigkeit hat Nach dem Warmlaufen stieg dir Hauttemperatur an. Die maximale Dorsalflexion und Kraftentwicklung erhöhten sich, aber die Gesamtreaktionszeit verkürzte sich. Zusätzlich war eine Verbesserung der elektromagnetischen Verzögerung zu erfassen. Als Schlussfolgerung wird festgehalten, dass ein zehn Minütiges Warmlaufen, positive Effekte auf die Leistungsverbesserung hat.

Tab. 9: Studie 2 (modifiziert nach Begert & Hillebrecht, 2003)

Einfluss unterschiedlicher Dehntechniken auf die reaktive Leistungsfähigkeit.	
Wer hat die Studie durchgeführt?	Björn Begert & Martin Hillebrecht
In welchem Jahr wurde die Studie publiziert?	2003
Welche Forschungsfrage wurde untersucht?	Haben verschiedene Dehntechniken Einfluss auf die reaktive Leistungsfähigkeit?
Mit welchen Versuchspersonen wurde die Studie durchgeführt?	35 Sportstudenten Alter: 20-32 Jahre
Wie sah der Versuchsaufbau der Studie aus?	Gemessen wird die reaktive Leistungsfähigkeit, mithilfe von Drop-Jumps und einer elektromagnetischen Messung der beteiligten Muskulatur, vor dem Dehnen, direkt im Anschluss an die Dehnung und 30 Minuten danach. Personengruppe eins dehnt statisch. Personengruppe zwei dehnt dynamisch. Personengruppe drei ist die Kontrollgruppe. Die Messparameter sind die Bodenkontaktzeit, der Reaktivitätsindex und die Muskelaktivität.
Welche relevanten Ergebnisse und Schlussfolgerungen lieferten die Studien?	Die Bewegungsreichweite wurde durch ein statisches und dynamisches Dehnen hochsignifikant verbessert. Die reaktive Leistungsfähigkeit wurde durch ein dynamisches Dehnen verschlechtert und bei der statischen Dehnung wurden noch schlechtere Ergebnisse dokumentiert. Als Schlussfolgerung wird festgehalten dass verschiedene Dehnmethoden Einfluss auf die reaktive Leistungsfähigkeit haben. Besonders durch ein kurzzeitiges, statisches Dehnen wird die reaktive Leistungsfähigkeit verringert.

6   Literaturverzeichnis

Begert, B., Hillebrecht, M. (2003). *Einfluss unterschiedlicher Dehntechniken auf die reaktive Leistungsfähigkeit.* Universität Oldenburg.

Bizzini, M. (2000). *Sensomotorische Rehabilitation nach Beinverletzung. Mit Fallbeispiel in alles Heilungsstadien.* Stuttgart: Thieme.

Chwilkowski, C. (2006). *Medizinisches Koordinationstraining – Verbesserung der Haltungs- und Bewegungskoordination durch Proprioszeption* (2. Aufl.). Köln: Deutscher Trainer Verlag.

Hohmann, A., Lames, M. & Letzelter, M. (2002). *Einführung in die Trainingswissenschaft* (Limpert Sportwissenschaft, 2. Aufl). Wiebelsheim: Limpert.

Hollmann, W. & Strüder, H. K. (2009). *Sportmedizin: Grundlage für körperliche Aktivität, Training und Präventivmedizin.* Köln: Georg Thieme Verlag.

Janda, V. (2000). *Manuelle Muskelfunktionsdiagnostik* (4. Aufl.). München: Urban & Fischer.

Marschall, F. (1999). Wie beeinflussen unterschiedliche Dehnintensitäten kurzfristig die Veränderung der Bewegungsreichweite? *Deutsche Zeitschrift für Sportmedizin, 50* (1), 5-9.

Rancour, J., Holmes, C. F. & Cipriani, D. J. (2009). The effects of Intermittent stretching following a 4-week static stretching protocol: a randomized trial. *Journal of strength and conditioning research / National Strength & Conditioning Association, 23* (8), 2217-2222.

Rosenbaum, D. & Henning, E. M. (1997). *Veränderung der Reaktionszeit und Explosivkraftentfaltung nach einem passiven Stretchingprogramm und 10minütigem Aufwärmen.* Deutsche Zeitung für Sportmedizin, 3

Schönthaler, S. R. & Ohlendorf, K. (2002). *Biomechanische und neurophysiologische Veränderung nach ein- und mehrfach seriellem passiv-statischem Beweglichkeitstraining* (Wissenschaftliche Berichte und Materialien / Bundesinstitut für Sportwissenschaft, 1. Aufl.). Köln: Sport und Buch Strauß.

Wydra, G. (1997). Stretching – ein Überblick über den aktuellen Stand der Forschung. *Sportwissenschaft, 27,* 409-427.

7 Tabellenverzeichnis